AF311954

LE VICE-AMIRAL

BERGASSE DU PETIT-THOUARS

SA VIE MILITAIRE

(1832-1890)

PAR

Henry DURASSIER

CHEF DE BUREAU DE L'ADMINISTRATION CENTRALE DE LA MARINE

PARIS

LIBRAIRIE MILITAIRE DE L. BAUDOIN ET Cᵉ

IMPRIMEURS-ÉDITEURS

30, Rue et Passage Dauphine, 30

1890

NOTICE BIOGRAPHIQUE

SUR LE

VICE-AMIRAL BERGASSE DU PETIT-THOUARS

(1832-1890)

Nous n'avons d'autres titres, pour entreprendre de raconter ici la vie militaire de l'éminent amiral dont le nom est en tête de cette page, que l'amitié dont il nous honora, et la reconnaissance que nous lui avons pour le bien qu'il nous fit, pour les paternels conseils dont il guida nos débuts dans l'administration de la marine.

Le plus bel éloge que l'on puisse faire de la vie des grands hommes, a dit Cicéron, est de la raconter simplement. Nous laisserons donc la parole aux faits, aux actions d'éclat qui emplissent si noblement la carrière du regretté amiral. Pour échapper à la monotonie d'une sèche énumération de grades et de commandements, successivement obtenus, nous n'insisterons que sur les événements principaux, sur les actes qui appellent la lumière.

Sans doute, la France et la marine ont, par la mort de Bergasse du Petit-Thouars, été cruellement éprouvées. Mais, quand une pareille perte, quelque grande qu'elle soit, se produit dans un corps aussi riche en hommes de valeur que celui des officiers de vaisseau, elle n'est pas de celles qui ne laissent derrière elles que découragement patriotique et désespérance de l'avenir. Si du Petit-Thouars a eu des prédécesseurs et des contemporains illustres, dont il a été le disciple, il laisse aussi des élèves dans cette vaillante génération de jeunes officiers qui se lève.

Bergasse du Petit-Thouars (Abel-Nicolas-Georges-Henri), naquit au château de Bordeaux-les-Bouches (Loiret), le 23 mars 1832, d'une famille comptant parmi ses membres plusieurs notables commerçants de Marseille. Par sa mère, il était neveu de l'amiral du Petit-Thouars, à qui la France doit la possession de Taïti, et dont il devint le fils adoptif, à la mort de son père. Un autre lien glorieux l'unissait à la marine : le capitaine de vaisseau Bergasse du Petit-Thouars, son oncle, qui commandait le *Tonnant* à la bataille d'Aboukir.

À l'âge de treize ans et demi (10 octobre 1845), il entra au lycée de Lorient pour suivre les cours préparatoires à l'École navale, et il était fort jeune, n'ayant que quinze ans et demi, lorsqu'il fut reçu (3 octobre 1847) au *Borda*.

Bergasse du Petit-Thouars, dont le nom devait illustrer la marine et l'emporter en éclat sur celui de son oncle, ne fut pas, à l'École navale, un de ces sujets dont les brillants succès pronostiquent la renommée future. D'une santé plutôt débile, qui ne lui permettait pas de donner encore la mesure de facultés dont le germe devait éclore plus tard, il se maintint dans un rang moyen, et fut classé, à l'examen de sortie, le 43e sur 89.

Il sort aspirant de 2e classe, le 1er août 1849, et fait sa première campagne sur la frégate la *Pandore* (9 octobre—6 décembre 1849), d'où il passe sur la *Durance*, transport de la division navale de l'océan Pacifique. Après sept mois de navigation en Océanie (6 décembre 1849—15 juillet 1850), il est choisi comme officier d'ordonnance par le commandant de la corvette la *Thisbé*, et parcourt, pendant cinq mois (15 juillet—17 décembre 1850), les mêmes parages. Il embarque ensuite à bord de la *Capricieuse*, avec laquelle il visite les principaux ports de l'Océanie et de l'Indo-Chine.

Au cours de cette campagne de trois ans et demi (17 décembre 1850—26 avril 1854), il fut successivement nommé aspirant de 1re classe (1er septembre 1851) et enseigne de vaisseau (25 mars

1854. Le commandant de la *Capricieuse*, le capitaine de vaisseau de Rocquemaurel, démêlait déjà chez le jeune officier cette « apti- « tude au métier de la mer, ce zèle pour le service, cette vigueur « dans le commandement, cette vivacité dans les manœuvres, ce « goût de l'étude et du travail », qui furent les qualités maîtresses de Bergasse du Petit-Thouars et qui sont la pierre de touche de l'officier d'élite.

L'appréciation du commandant de Rocquemaurel est à retenir : elle fait autant d'honneur à la sûreté de jugement et à la perspicacité de celui qui l'a portée qu'à celui qui en était l'objet, et qui n'a cessé d'en confirmer la justesse à chacune des étapes de sa brillante carrière.

A un âge où beaucoup tâtonnent encore, cherchant leur voie, du Petit-Thouars s'était déjà affirmé. Il avait fourni la preuve qu'il était doué, à un degré peu ordinaire, du don de commandement, et qu'il possédait les qualités qui font le *chef*.

Il se trouvait, avec la *Capricieuse*, dans les mers de Chine, au moment de la grande révolte des Taïpings, et le commandant de cette corvette appelait l'attention du Ministre sur l'aspirant, « qui, « dans l'émeute des factoreries de Canton, avait su remplir les « fonctions d'officier - d'ordonnance avec une intelligence et une « solidité *peu communes à son âge* » (10 avril 1853).

De retour en France, il débarqua de la *Capricieuse* pour entrer à l'hôpital maritime de Toulon. A l'ébranlement de sa santé vint se joindre la brusque nouvelle de malheurs domestiques survenus pendant son absence. Tandis qu'il parcourait les mers, il avait perdu successivement son père et sa sœur, enlevés l'un et l'autre par une incurable maladie de poitrine. Un congé lui fut accordé pour se rendre auprès de sa mère, retirée en Italie, à Baricella, près de Bologne.

A peine arrivé dans cette ville, les forces lui manquent pour continuer sa route. Il tombe épuisé et est pris d'une fièvre ardente, compliquée d'une angine, qui le met hors d'état d'être transporté pour franchir la faible distance de cinq lieues qui le sépare du foyer maternel. Mme du Petit-Thouars, mandée à la hâte, accourt et croit qu'elle va avoir un nouveau deuil à ajouter à ses malheurs. Les médecins déclarent le malade dans l'impossibilité de rejoindre Toulon.

Si nous insistons sur cette maladie de Bergasse du Petit-Thouars, c'est qu'elle contribue, en montrant la délicatesse de sa constitution, à mettre en lumière sa véritable physionomie morale. On verra par la suite, qu'à plusieurs reprises, presque au retour de chacune de ses campagnes, et surtout après les blessures qu'il reçut à Sébastopol, il fut dans l'obligation d'entrer à l'hôpital ou de se mettre en traitement, de sorte que sa carrière est comme un tissu de laborieuses périodes d'activité, de commandements alternant, non avec des intervalles de repos ou de congés, mais avec des périodes de maladies, de cures et de convalescences. Combien il fallait que fût puissant en lui le sentiment du devoir, et grand l'empire de la volonté pour ne pas céder sous le fardeau ! Le métier de la mer use les plus robustes avant l'âge. Quelle énergie morale il a fallu à du Petit-Thouars pour réussir, avec une santé aussi chancelante qu'était la sienne, à remplir partout ses devoirs avec une supériorité tour à tour attestée, comme on le verra, par les différents chefs sous les ordres desquels il s'est trouvé placé.

Bergasse du Petit-Thouars souffrit d'autant plus de se voir ainsi immobilisé à Bologne, loin de la patrie, que la guerre venait d'éclater entre la France et la Russie. On armait à outrance dans les arsenaux français, et il ne pouvait rejoindre Toulon, son port d'attache! A force de soins, il finit par se rétablir et obtint d'être embarqué sur le *Christophe-Colomb*, qui le transporta sur les côtes de Crimée (9 août 1854).

Il est détaché aux batteries de siège de la marine, placées sous le commandement du contre-amiral Rigault de Genouilly, pour coopérer au bombardement de Sébastopol.

Le 12 avril 1855, il se trouvait dans la tranchée de la batterie nᵒ 10, lorsqu'une bombe éclatant derrière lui, lui fit dans le dos une blessure sans gravité apparente et à laquelle il n'attacha pas d'importance. Malgré de vives souffrances, il continua son service pendant deux jours, et il fallut l'injonction formelle du chirurgien-major, qui avait pu constater combien il avait été ébranlé, pour qu'il se résignât à rester dans sa tente.

Il avait fait preuve de tant de calme au feu, de tant de sang-froid et de bravoure, que le général Canrobert, commandant en chef de l'armée d'Orient, le nomma chevalier de la Légion d'honneur sur le champ de bataille (29 avril 1855).

Bergasse du Petit-Thouars n'avait que 23 ans !

Deux mois après, le 7 juin 1855, la veille du dernier assaut, il fut blessé de nouveau, et cette fois plus grièvement. Au moment où, monté sur la batterie, il rectifiait le tir de ses canonniers, un boulet fit voler en l'air une partie du parapet, projetant des éclats de toutes parts. Le jeune enseigne fut atteint au visage par des graviers qui s'incrustèrent dans la peau des joues et des paupières. L'œil droit était perdu, et le gauche fortement compromis.

Rapatrié en France, sur le *Fleurus* (23 juin — 16 juillet 1855), il se retire en Italie, auprès de sa mère, pour recevoir les soins nécessités par la gravité de son état. Il passe ainsi près d'un an et demi en inactivité.

Le 18 novembre 1856, il est appelé à Paris pour remplir les fonctions d'officier d'ordonnance auprès du ministre, l'amiral Hamelin, qui, en récompense de ses brillants services militaires, le nomme lieutenant de vaisseau au choix (29 novembre 1856).

Il n'avait que vingt-quatre ans !

Un des traits dominants de la carrière de du Petit-Thouars est le goût et l'aptitude qu'il n'a cessé de témoigner pour les questions d'artillerie. De toutes les armes, de tous les engins que l'art naval met en action, le canon est celui vers lequel le portaient ses préférences techniques. Il s'était spécialisé dans l'étude des questions de balistique, de tir et de manœuvre.

Désireux de compléter les connaissances et l'expérience qu'il avait si glorieusement acquises dans les tranchées de Sébastopol, il demanda à être embarqué sur le vaisseau-école de canonnage, le *Suffren*, à bord duquel il resta plus d'un an (1er janvier 1858 — 18 avril 1859). Là, de même que partout où il a passé, ses chefs le notent comme un sujet d'élite : « officier instruit ; travaille beaucoup ; a du commandement, de l'activité et un zèle au-dessus de tout éloge ; « manœuvre bien ; *promet de devenir un officier très remarquable* », dit de lui le commandant du *Suffren*.

« Officier d'avenir ; je le propose pour un commandement », ajoute, de son côté, le vice-amiral Jacquinot, préfet maritime de Toulon (octobre 1858).

Le premier commandement que du Petit-Thouars eut à exercer lui fut donné au moment de la guerre d'Italie. On ne pouvait confier à un lieutenant de vaisseau plus compétent que lui un navire comme l'*Éclair*, qui faisait partie de la division des canonnières destinée à opérer dans l'Adriatique, sous le commandement du capitaine de vaisseau de La Roncière le Noury. Le jugement porté par ce dernier sur le compte du jeune du Petit-Thouars est à signaler : « Officier très distingué sous tous les rapports (disait « le futur amiral en le proposant pour la croix d'officier de la Légion « d'honneur), même sans les blessures qu'il a reçues à Sébastopol « et sans le nom qu'il porte. *A un grand avenir devant lui* (18 juil-« let 1859) ».

Son second commandement fut, après la signature de la paix, celui de l'aviso l'*Euphrate*, à Alger, qu'il exerça du 10 octobre 1859 au 28 septembre 1861. L'amiral Baudin, sous les ordres duquel il se trouvait, est frappé de son « remarquable esprit d'observation. »

Après un court stage au Dépôt des cartes et plans, il fut nommé lieutenant de vaisseau de 1re classe (4 février 1862), puis, l'amiral Rigault de Genouilly, qui l'avait vu de près à Sébastopol et avait été à même d'apprécier son intrépidité à toute épreuve, le choisit comme aide de camp, lorsque l'Empereur lui confia le commandement en chef de l'escadre d'évolutions de la Méditerranée. De la *Bretagne*, où il remplissait ces fonctions, il passa sur la *Ville-de-Paris*, dans la même escadre (3 décembre 1862).

« Je ne connais pas d'officier qui serve plus consciencieusement « et qui possède un mérite plus réel et plus solide », disait le commandant en chef à l'appui d'une proposition pour le grade de capitaine de frégate auquel il fut promu le 13 août 1864. Le sous-chef d'état-major de l'escadre, le capitaine de vaisseau de Dompierre d'Hornoy, ne le jugeait pas moins favorablement : « J'ai la plus « haute opinion de la valeur de cet officier comme courage. Grande « aptitude pour le métier de la mer, connaissance très approfondie « de tout ce qui regarde l'artillerie et l'organisation de nos vais-« seaux. *Cet officier n'avancera jamais trop vite* (20 octobre 1863) ».

En quittant l'escadre, Bergasse du Petit-Thouars alla prendre, à Constantinople, le commandement de l'aviso l'*Ajaccio*, de la division du Levant (29 janvier — 1er septembre 1864).

Lors de son élévation à la dignité d'amiral de France, Rigault de Genouilly l'attacha à sa personne en qualité de premier aide de camp (23 janvier 1865 — 27 juillet 1867). Pour reconnaître la façon distinguée dont il s'était acquitté de ses fonctions, l'amiral, devenu ministre de la marine, le fit nommer officier de la Légion d'honneur (28 décembre 1867). En quittant le ministère, du Petit-Thouars alla servir dans la division navale des mers de Chine et du Japon.

On sait quelle longue résistance les Japonais opposèrent à l'établissement des étrangers sur leur territoire. Il fallut l'énergie et l'esprit de progrès des taïcouns Yeoshi et Yesada pour triompher de ce préjugé tenace et faire ouvrir les portes du Japon au commerce européen. Néanmoins, la vieille haine du peuple contre les étrangers couvait sous la cendre et provoquait, de temps en temps, des explosions sanglantes.

Bergasse du Petit-Thouars se trouvait sur les côtes du Japon avec le *Dupleix*, dont il avait pris le commandement le 28 juillet 1867, au moment où se produisit un de ces déchaînements de la fureur populaire qui mettaient si souvent en péril la vie de nos nationaux.

La chaloupe à vapeur de la corvette avait été envoyée à terre pour y prendre le commandant de la division navale et le consul général de France qu'elle devait ramener à bord. Elle avait pénétré sans difficulté dans le petit port de Sakaï, voisin d'Osaka, où elle avait reçu l'ordre de les attendre. La chaloupe avait été amarrée au quai, et, devant l'attitude calme et même sympathique en apparence de la population, le quartier-maître et le second maître mécaniciens avaient obtenu la permission de se promener un instant à terre. A peine s'étaient-ils éloignés de quelques pas que des Japonais armés, paraissant sortir d'une embuscade, les entourèrent et cherchèrent à les entraîner dans l'intérieur de la ville en les garrottant. Nos deux marins ayant réussi à se dégager, regagnent en courant la chaloupe. Ils sont poursuivis par leurs agresseurs, au nombre d'une centaine, qui font feu sur eux et tirent à bout portant sur l'équipage français avant que celui-ci ait pu prendre le large. Dix de nos marins et un officier sont tués sur le coup. Les autres, déjà blessés, se jettent à l'eau et s'abritent derrière la chaloupe. Leur fusillade terminée et croyant avoir exterminé tout notre monde, les Japonais se retirent. Le second maître, qui seul n'avait pas été atteint, aide ses camarades à remonter dans la chaloupe, et, les encourageant par son énergie, parvient à faire sortir celle-ci des jetées, à hisser une voile et à faire route pour regagner le *Dupleix*.

Sur les représentations de notre gouvernement, qui exigea une réparation éclatante, le Mikado pris l'engagement de faire des excuses solennelles à la France.

L'exécution des coupables devait avoir lieu à Sakaï, le 16 mars 1868, en présence d'officiers de la division navale accompagnés d'un détachement de l'équipage du *Dupleix*. Vingt Japonais, convaincus d'avoir pris part au massacre de nos marins, devaient payer ce crime de leur tête. Les bourreaux procèdent à leur sinistre besogne. Le sang coule à flots : onze têtes roulent à terre, le spectacle est horrible. Mû par un noble sentiment d'humanité, le commandant du Petit-Thouars, qui avait déployé, de concert avec le Ministre de France, M. Léon Roches, une implacable énergie à poursuivre le châtiment des assassins, intervient avant la fin de l'exécution et annonce qu'il en référera au Ministre de France, afin d'obtenir du gouvernement japonais une commutation de peine pour les neuf condamnés qui n'ont pas encore subi la peine capitale.

Le 17, la *Vénus* et le *Dupleix* quittaient la rade de Sakaï et venaient mouiller devant Osaka, où le prince du sang Yamaïshino-Mija, oncle du dernier Mikado, arrivait en grande pompe présenter des excuses aux représentants de la France. Il remercia avec effusion le commandant du Petit-Thouars de la grâce qu'il avait demandée pour les neuf condamnés, et lui fit part du désir du Mikado de le remercier lui-même de cet acte de générosité. Bergasse du Petit-Thouars se rendit, à cet effet, à Kioto où il fut reçu dans le palais impérial avec une solennité inusitée [1].

On le voit, ce n'était pas seulement sur le champ de bataille que du Petit-Thouars savait montrer de l'énergie et du sang-froid. La dignité dont il fit preuve dans cette pénible circonstance, de même que le tact et la fermeté avec lesquels il mena diverses négociations diplomatiques furent appréciés comme ils le méritaient : « Excellent « capitaine, plein d'entrain, sachant enlever ses hommes, disait le « commandant en chef par intérim de la division navale. Il a fait « preuve, dans l'affaire de Sakaï, d'un grand empire sur lui-même, « de beaucoup de calme et de jugement, et depuis qu'il est à Osaka, « il a su, par son caractère digne, par ses manières affables, se faire « auprès des principaux membres du gouvernement une position « parfaite (4 avril 1868). »

[1] Le commandant du Petit-Thouars a rendu compte de cette mission dans une note qu'a publiée la *Revue maritime* (avril 1869).

Quel plus bel éloge peut-on faire d'un officier que celui qui est contenu dans la note suivante du contre-amiral Ohier :

« Un de nos meilleurs capitaines, marin, homme de grand cœur,
« supérieurement intelligent, très instruit; il a sur ses hommes un
« empire énorme; à bord de son bâtiment, où la discipline la plus
« sévère est maintenue, il est aimé de tous. Aussi règne-t-il sur le
« *Dupleix* le meilleur esprit d'honnêteté et de patriotisme. Par sa
« brillante éducation, ses nobles sentiments, le charme de sa per-
« sonne, *ce jeune officier acquiert partout où il va et sur tous une*
« *grande influence*. Dans les événements du Japon, sa supériorité
« l'a fait immédiatement remarquer et *sa conduite le fait désigner*
« *comme un homme supérieur*. En l'absence du Ministre de France,
« M. Bergasse du Petit-Thouars a été chargé des affaires diploma-
« tiques près du gouvernement d'Osaka, et il s'est acquis, dans cette
« circonstance, l'estime de tous (26 août 1868). »

Les événements, même les plus imprévus, les moindres incidents qui surgissent dans sa carrière lui fournissent l'occasion de manifester les aptitudes et les qualités variées de son esprit et de son caractère. Jamais il n'est au dessous de la tâche ou du devoir à accomplir. Nous l'avons vu, à Sébastopol, donner l'exemple du courage et du sang-froid devant l'ennemi. Nous avons vu, à Sakaï, l'énergie et la promptitude de son esprit de décision jointes au plus noble sentiment de clémence. Nous avons vu, à Osaka, qu'il savait, quand l'intérêt de la patrie était en jeu, plier sa nature droite et virile aux exigences de tact et de souplesse des négociations diplomatiques. Nous allons voir maintenant le généreux élan avec lequel il vole à l'accomplissement d'un devoir d'humanité.

Le 14 octobre 1868, le commandant du *Dupleix* entrait à Hakodasi, après une intéressante reconnaissance d'une des Kourilles japonaises. Sa santé avait été très ébranlée par la pénible navigation qu'il venait de faire. Il aspirait à un repos bien mérité, lorsque, à peine arrivé au mouillage, il apprend que des marins de la corvette anglaise *Rattler*, abandonnés en mer sur leur navire en détresse, luttent contre la mort. Il n'hésite pas à quitter le port pour se porter au secours des naufragés et il réussit à les sauver, grâce à la promptitude des mesures qu'il a ordonnées. Le vice-amiral Keppel, commandant en chef des forces anglaises dans les mers de Chine, adressa au contre-amiral Ohier une lettre des plus flatteuses au sujet de ce sauvetage qui faisait tant d'honneur à notre marine et au brillant officier qui en avait pris l'initiative. « *A des « officiers aussi remarquables*, disait l'amiral Ohier au Ministre, *il « faut des avancements exceptionnels.* »

Le 14 août 1869, Bergasse du Petit-Thouars s'embarqua sur le paquebot des Messageries et rentra en France après avoir remis le commandement du *Dupleix* au capitaine de frégate Lespès.

Lors de la guerre franco-allemande, du Petit-Thouars était en résidence fixe, à Paris, où il avait rempli, pendant près d'un an, les fonctions de membre de la Commission supérieure des pêches.

Capitaine de vaisseau depuis le 1er juin 1870, il arrivait, le 2 août, à Strasbourg comme chef d'état-major de la flottille du Rhin, avec mission d'en organiser le service sous les ordres du contre amiral Exelmans. Mais l'implacable rapidité avec laquelle se resserra le cercle d'investissement, l'insuffisance des moyens d'action dont disposait l'amiral forcèrent le conseil de guerre à assigner un autre rôle au détachement de la marine, celui de la défense des fronts nord de la place. Est-il besoin de dire combien fut cruelle pour tous ces braves cœurs, impatients de marcher en avant, l'obligation de rentrer dans Strasbourg et d'être réduits à un rôle de résistance passive ! Le commandant du Petit-Thouars a raconté, dans une note publiée par cette *Revue*[1], les efforts et les épreuves de l'héroïque poignée de marins placés sous ses ordres et auxquels avaient été jointes d'autres troupes de l'armée de terre. Il met en lumière les services rendus par chacun ; il n'est qu'un homme sur lequel il garde le silence, c'est lui-même. Avec une modestie, qui n'était pas une de ses moindres qualités personnelles, il glisse sur la part active qu'il prit à l'organisation et au fait même de la défense de Strasbourg. C'est cependant lui qui fut chargé d'occuper, après en avoir reconnu toute l'importance, les forts les plus avancés et les plus en l'air de la place, ceux du Contades. Dans cette note sur le *Siège de Strasbourg*, où il paye un juste tribut d'éloges à la bravoure de chacun de ses compagnons d'armes, où il exalte avec une émotion communicative l'admirable patriotisme des

[1] Janvier 1872.

femmes et de la population civile de Strasbourg, il ne fait qu'une courte allusion à la sortie du 2 septembre, où il entraîna du Contades, malgré le terrain le plus difficile, trois colonnes de fusiliers-marins pour opérer une diversion et où il réussit à faire éprouver de sérieuses pertes à l'ennemi, qu'il serra de très près. Il ne parle pas davantage, on le comprend, de l'éclat d'obus qu'il reçut dans une rue de Strasbourg où l'amenait son service. Son intrépidité et son sang-froid dans ces circonstances, et qu'il semble être seul à ignorer, lui valurent d'être cité à l'ordre du jour par le général Uhrich et d'être proposé pour la croix de commandeur, distinction qui lui fut accordée le 6 octobre 1870.

Après la reddition de Strasbourg, Bergasse du Petit-Thouars ne voulut pas se séparer de ses braves matelots et prit, hélas! avec eux le chemin de la captivité. Ici, comme toujours, il eut la claire vision du devoir à accomplir. Ne pas partager les souffrances de ceux avec qui il avait partagé les dangers de la guerre, lui semblait une félonie, une désertion. Noble exemple de solidarité dans le malheur! Durant son internement à Rastadt avec les troupes de la garnison de Strasbourg (1er octobre 1870 — 19 avril 1871), comme il se trouvait l'officier du grade le plus élevé, il usa de l'autorité que lui donnait cette position pour conserver les liens de la hiérarchie militaire entre les prisonniers. Secondé par l'appui moral de ceux qui avaient été ses compagnons d'armes, il parvint à maintenir jusqu'au bout cette union parmi les 300 officiers internés, et il réussit, à force de persévérance, à obtenir des autorités allemandes l'autorisation de visiter les hôpitaux et d'y faire des distributions d'effets ainsi que dans les casemates où étaient détenus les simples soldats[1].

De retour de captivité, après tous ces événements où sa santé avait eu à subir de si rudes assauts, il alla faire une cure aux eaux d'Allevard.

A la signature de la paix, il fut nommé membre du conseil de perfectionnement de l'École navale, puis membre adjoint du conseil d'amirauté (12 août 1871 — 31 janvier 1873).

Le 1er février 1873, il reçut le commandement de l'*Alexandre*, vaisseau-école de canonnage, qu'il exerça pendant trois ans. A la

---

[1] Dans un rapport qu'a publié le commandant du Petit-Thouars, la *Revue maritime* (septembre 1874) a rendu compte de sa mission, à l'occasion de laquelle le Ministre lui donna un témoignage de sa satisfaction (29 juillet 1871).

tête de cette importante école, on peut dire que du Petit-Thouars était dans son véritable élément. Les questions d'artillerie l'avaient, nous l'avons vu, toujours particulièrement intéressé : il en avait fait l'objet d'études spéciales, facilitées et rendues plus fécondes par l'expérience qu'il avait acquise dans le commandement de batteries à Sébastopol et à Strasbourg. Il ne pouvait que se tirer à son honneur de la direction de l'École de canonnage

L'autorisation qui lui fut accordée exceptionnellement de prolonger d'un an la durée de son commandement; les témoignages de la satisfaction ministérielle pour « l'excellente situation de l'école et pour les économies réalisées sur le matériel à bord »; le jugement autorisé du contre-amiral Fisquet, qui déclare que « son énergique impulsion se fait sentir de la manière la plus distinguée dans tous les détails d'organisation du service », et jusqu'à cette démarche de la maistrance et du personnel instructeur de l'*Alexandre* venant lui offrir un sabre d'honneur, « en témoignage de l'admiration qu'il leur inspire »; ce sont là des faits qui attestent et consacrent la grande compétence de Bergasse du Petit-Thouars en matière d'artillerie navale.

Au cours de son commandement de l'*Alexandre*, il adressa au Ministre un très intéressant rapport sur les moyens à employer pour construire rapidement, avec les seules ressources du bord, un radeau capable de servir de plate-forme à une ou plusieurs pièces de 22ᶜ, de 14ᶜ ou de 12ᶜ, de manière à pouvoir opérer sur une côte où le manque d'eau empêcherait le navire d'aller mouiller. Cette question, qu'il avait fait mettre à l'étude et qui répond à un des objectifs fréquents de la guerre maritime, montre quel esprit pratique le guidait dans ses recherches techniques. Il envisageait, en effet, la question d'artillerie, moins en *artilleur* proprement dit, qu'en marin. Ce qui le préoccupait surtout, c'était la manœuvre, le tir du canon dans des conditions aussi semblables que possible à celles du combat réel.

En quittant l'*Alexandre*, il fut appelé au ministère comme membre du conseil des travaux (22 février 1876 — 8 janvier 1877). Dans cette position, il put étudier, à un point de vue plus général, les questions relatives à l'organisation de l'artillerie et du matériel naval.

Le 9 janvier 1877, il était nommé aide de camp auprès de l'amiral Fourichon, ministre de la marine, puis, après avoir rempli, pendant

près d'une année, les fonctions de chef de cabinet successivement
sous le ministère de cet officier général, puis sous celui des ami-
raux Gicquel des Touches et Roussin, il fut promu au grade de
contre-amiral le 26 mars 1877.

Lors du mariage du roi d'Espagne Alphonse XII avec sa cousine
l'infante Mercédès, fille du duc de Montpensier, il fut désigné pour
accompagner à Madrid l'amiral Fourichon, délégué comme ambassadeur extraordinaire par le Gouvernement français.

Du 8 février au 10 octobre 1878, il remplit à Brest les importantes
fonctions de major général de la marine.

Sa nomination au commandement en chef de la division navale
du Pacifique (15 octobre 1878), en plaçant pour la première fois
sous son autorité une force navale importante, lui fournit les moyens
de donner sa mesure comme homme de mer. Son premier soin fut
de s'entourer d'hommes d'élite. Il choisit pour chef d'état-major le
capitaine de vaisseau Baucheron de Boissoudy, un des officiers les
plus brillants de notre marine. M. Wyts, capitaine de vaisseau,
qui fut remplacé ensuite par M. le capitaine de frégate Adolphe
Chabaud-Arnault, commandait en second cette corvette. Venaient
ensuite d'autres officiers non moins distingués : le capitaine de
vaisseau Chevalier, commandant du *Decrès*, les capitaines de frégate
Fleuriais et Galache, commandants du *Chasseur* et du *Hugon*.

En lui confiant le commandement de la division du Pacifique, le
ministre l'avait chargé de la délicate mission de rétablir la paix dans
les Marquises où notre autorité était depuis longtemps méconnue,
surtout dans l'île d'Hiva-Oa. Nous ne saurions mieux faire, pour
initier le lecteur aux événements qui marquèrent cette intéressante
période de sa carrière, que d'emprunter au commandant Wyts le
récit qu'il a fait, dans le *Var républicain*, de la croisière de la *Victorieuse :*

« Retenu d'abord en Nouvelle-Calédonie, où on l'avait fait passer
à l'époque de la révolte des Canaques, chargé ensuite de faire une
exploration aux Hébrides, l'amiral du Petit-Thouars n'arriva qu'en
juin 1879 sur la rade de Valparaiso.

« Il trouva le Chili engagé dans une lutte ardente contre la Bolivie
et le Pérou, et fut en quelque sorte enchaîné pendant quelque temps,
par les péripéties de cette guerre, sur les côtes de l'Amérique du Sud.

« Lorsqu'il se décida enfin à appareiller pour l'Océanie, l'escadre chilienne venait de bombarder le Callao, et nos nationaux de Lima, qui le considéraient avec raison comme un médiateur influent auprès des officiers généraux chiliens, firent tout au monde pour l'empêcher de partir. La *Victorieuse* leur semblait une planche de salut au milieu du naufrage dont ils étaient menacés.

« Mais les recommandations ministérielles au sujet des Marquises devenaient de plus en plus pressantes. D'un autre côté, une attaque de Lima par terre ne semblait pas devoir être prochaine. Enfin, les intérêts de la France étaient directement engagés aux Marquises.

« Depuis longtemps, en effet, l'île Hiva-Oa était en pleine insurrection. La pratique du tatouage y créait une école de débauche permanente, la distillation de l'eau de-vie de cocos y maintenait une ivresse pour ainsi dire perpétuelle, source d'orgies sanglantes, de festins de cannibales et de crimes de toute sorte, que nous ne pouvions pas laisser commettre impunément sur un sol où nous avions planté notre drapeau.

« Ce fut en mai 1880 que l'amiral du Petit-Thouars partit pour les Marquises, et ce fut le 1ᵉʳ juin 1880 que la *Victorieuse* jeta l'ancre à Fatu-Hiva, dans la baie des Vierges, aux eaux profondes, aux murailles gigantesques de roches à pic, fantastiquement dentelées. Le 3 juin, elle allait mouiller à Nouka-Hiva, dans la baie de Taio-Haé, et l'amiral y organisait sans retard une colonne expéditionnaire destinée à agir contre Hiva-Oa.

« Le 23 juin, il partait avant l'aube à la tête de cette colonne, par un temps sombre et pluvieux, se dirigeant par des chemins escarpés et presque impraticables vers les crêtes boisées, où la tribu rebelle des « Hamau », réputée la plus redoutable, se croyait à l'abri de toute atteinte, et à 9 h. 50 du soir, il revenait à bord avec ses hommes, après avoir forcé les « Hamau » à se rendre à discrétion.

« Ce coup de main, aussi heureux que rapide, après une impunité si longue, frappa de terreur tous les indigènes d'Hiva-Oa, qui se soumirent successivement et livrèrent leurs armes.

« Le désarmement fut également opéré dans les autres îles, soupçonnées de connivence avec Hiva-Oa ; de sorte que la pacification des « Marquises » désirée depuis si longtemps en vain, avait été obtenue en quelques jours, grâce à l'activité du commandant en chef — et dans la petite église de « Taio-Haé » toute ornée de fleurs,

Mgr Dordillon, évêque des « Marquises », après en avoir remercié Dieu, en remercia l'amiral, au nom de la mission catholique, de la religion et de l'humanité.

« La *Victorieuse* se remit alors en route, vers les côtes de l'Amérique du Sud, et, le 22 décembre 1880, elle était de nouveau à Valparaiso. Elle y trouva l'ordre de rentrer en France, mais les événements se précipitaient à Lima, et la ville était sur le point d'être enlevée de vive force par les Chiliens.

« Étouffant ses désirs personnels pour n'écouter que la voix du devoir, l'amiral du Petit-Thouars tourna le dos à la France et remonta vers le Callao. Il y arriva le 7 janvier 1881. Les Français de Lima et du Callao qui s'étaient réfugiés en rade, sur des pontons, l'acclamèrent comme un sauveur.

« La désolation et l'effarement régnaient partout. Lima était encombrée de blessés et de soldats débandés ; on y craignait l'arrivée des Chiliens, mais on y craignait aussi la guerre civile. Alors, après y avoir envoyé nos médecins et nos infirmiers, l'amiral s'y rendit de sa personne, le 14 janvier, et s'établit en permanence à la légation française.

« La situation, déjà des plus critiques, devint de jour en jour plus mauvaise encore. L'armée chilienne attaquait par terre, de plusieurs côtés à la fois ; la canonnade s'entendait, chaude et incessante, au-delà du Callao ; des feux de mousqueterie crépitaient par intervalles, jour et nuit.

« Le 17 janvier, les torpilleurs chiliens entrèrent à leur tour en lutte contre les forts du Callao. Coups de canon, feux de salves, explosions, incendies, éclataient de toutes parts. Des rumeurs vagues circulaient, alarmantes et sinistres. On prétendait par exemple que l'amiral anglais Stirling et le ministre d'Angleterre avaient été assassinés. Et l'amiral du Petit-Thouars était toujours à Lima ! La ville était prise, et il y restait encore ! et il ne revint à bord que le 19 janvier, quand Lima put être considérée comme sauve, sauve grâce à lui, en grande partie.

« C'est lui en effet qui avait entraîné notre ministre, l'amiral Stirling et le ministre d'Angleterre, au quartier général chilien, pour traiter de l'entrée pacifique de l'armée victorieuse à Lima. Il manqua même payer cette démarche de sa vie. Dans son insistance auprès du vainqueur, il avait laissé partir ceux avec lesquels il était

venu. Or, pendant les pourparlers, des engagements partiels d'avant-
postes avaient fini par amener une action générale, et peu s'en fallut
qu'au retour il ne fût sabré ou fusillé.

« C'est encore à lui et au commandant de Champeaux que Lima fut
redevable de n'être point incendiée et pillée par la population noire
des faubourgs, qui s'était soulevée et qui avait déjà commencé son
œuvre de destruction, dans l'intervalle qui s'écoula entre la retraite
des Péruviens et l'entrée des Chiliens.

« En signe de gratitude, les Péruviens firent don à l'amiral du Petit-
Thouars d'une plaque en or, ayant la forme et les dimensions d'une
carte de visite, portant, gravée sur l'une de ses faces, une inscription
commémorative ; et les dames de Lima lui dédièrent un album splen-
dide, couvert de leurs signatures, comme témoignage de leur reconnaissance. »

Tout le monde au Pérou s'accorde à reconnaître, tant Français
que Péruviens, que c'est à l'amiral du Petit-Thouars que la population réfugiée à Lima a dû son salut. Il s'était mis en personne à la
tête des Français pour défendre leurs vies et leurs biens contre les
pillards et les incendiaires. C'est à lui aussi que l'on doit que les
Chiliens n'aient pas brûlé Lima et passé les habitants au fil de l'épée
comme ils le firent à Chorillos, à Barranca et à Miraflorès.

Les mesures de protection qu'il avait prises s'étendaient aussi aux
autres colons européens, et l'ambassadeur d'Angleterre, se faisant
l'interprète de l'admiration publique, pria le ministre de France de
transmettre à l'amiral l'expression des sentiments de gratitude du
gouvernement britannique pour les services qu'il avait rendus, dans
ces circonstances tragiques, aux sujets anglais.

Cette campagne dans le Pacifique (15 octobre 1878 — 25 mai 1881)
avait été aussi active que féconde en résultats. Elle avait procuré à
du Petit-Thouars l'occasion d'assister à quelques-uns des engagements des flottes chilienne et péruvienne. A ce point de vue, elle
avait été pour lui une excellente préparation à ce commandement
de l'escadre d'évolutions qu'il devait exercer plus tard avec tant de
distinction. S'il règne comme une sorte d'indécision, en matière
d'art naval, si l'on est pas encore fixé sur le rôle réel et l'étendue
de l'action des différents engins que l'offensive et la défensive

mettent réciproquement en œuvre, si l'on en est encore réduit aux conjectures et aux hypothèses pour se figurer ce que sera la guerre maritime de demain, cela tient en grande partie à la rareté des combats navals. Depuis Lissa, il ne s'était produit aucun fait de guerre maritime de nature à faire la lumière sur tant de questions controversées. Aussi, était-ce une véritable bonne fortune pour un officier ayant comme Bergasse du Petit-Thouars le goût de son métier et le désir incessant de s'y perfectionner, que de pouvoir contrôler *de visu*, dans les conditions mêmes du combat réel et non plus à la lumière incertaine de simulacres de luttes, la façon dont se comportent cuirassés et torpilleurs aux prises les uns avec les autres ou dans leurs engagements avec les forts[1]. Comme il avait une grande sûreté de coup d'œil, la croisière du Pacifique lui permit de faire bonne provision d'observations et d'enseignements de toute sorte.

En quittant la *Victorieuse*, l'amiral tint à servir dans un arsenal, et, pour étudier de près le fonctionnement des services dans leurs rapports avec la préparation à la guerre, il obtint le poste, devenu plus important, de major de la flotte à Toulon. « Il remplit ses fonctions, « disait l'amiral Victor Duperré, alors préfet maritime de ce port, « avec une activité sans pareille et une grande autorité. M. le « contre-amiral Bergasse du Petit-Thouars est un collaborateur « précieux qui mérite, à tous égards, la confiance absolue que je « lui témoigne. » (1er octobre 1882.)

Au plus fort des opérations d'armement des bâtiments destinés à l'expédition du Tonkin, c'est-à-dire à un moment où le rôle d'un arsenal maritime acquiert une si grande importance et où il est nécessaire que les ordres soient donnés avec précision et exécutés avec méthode et rapidité, à un moment enfin où le véritable administrateur donne sa mesure, l'intérim de la préfecture maritime de Toulon lui échoit. Il s'acquitte avec tant de distinction de ses fonctions, dans cette circonstance où les difficultés et les responsabilités de toute nature sont décuplées, que le ministre lui adresse des félicitations pour « l'énergique direction qu'il a su imprimer à l'ar-« mement et à l'expédition des navires » (25 septembre 1883).

---

[1] Voir, dans l'*Année maritime* (1879-1880-1881), ce que nous avons dit tant du rôle joué par l'amiral que des enseignements techniques découlant de cette guerre, au point de vue maritime.

Bergasse du Petit-Thouars obtint enfin les étoiles de vice-amiral le 31 décembre 1883.

Comprenant l'importance que les torpilles sont appelées à jouer dans la guerre navale de l'avenir, il s'adonne à une étude spéciale de cet engin terrible. La compétence dont il fait preuve le désigne (1884) pour la présidence de la Commission chargée de la réorganisation du service des défenses sous-marines. Il quitte cette présidence pour passer au Conseil des travaux.

Les fonctions de major de la flotte à Toulon avaient été pour du Petit-Thouars un excellent apprentissage à l'exercice du commandement en chef d'un arrondissement maritime. On lui confia la préfecture maritime de Cherbourg.

Frappé depuis longtemps de l'insuffisance des ouvrages édifiés pour la protection de notre port de la Manche du côté de la mer, il entreprit une tournée méthodique sur la côte en vue de l'établissement d'un système de postes de torpilleurs et d'observatoires sémaphoriques pouvant permettre de renforcer les moyens de défense par le large.

Grand-officier de la Légion d'honneur depuis le 29 juin 1886, il était, sous le ministère de l'amiral Aube, à la tête de la préfecture maritime de Toulon, où il s'attacha particulièrement à la solution des questions concernant la mobilisation générale. L'amiral Aube, à l'égal de ses prédécesseurs, faisait le plus grand cas de ses qualités comme officier. L'amiral Krantz n'était pas moins chaleureux dans l'expression de son estime. A la suite des manœuvres d'ensemble effectuées sous sa haute direction et des opérations d'armement de navires adjoints temporairement à l'escadre, il qualifiait ainsi cet officier général : « Vigoureux, homme d'action. A bien fait partout où il a été « employé. Fait honneur au corps de la marine ». Pendant son passage à la préfecture maritime de Toulon, du Petit-Thouars s'occupa aussi beaucoup des torpilles et des torpilleurs. Il avait d'ailleurs déjà adressé sur cette question, alors très controversée, de remarquables rapports. C'est à lui qu'on doit le principe des tubes lance-torpilles mobiles sur les ponts, qui ont complété l'ancien système des tubes fixes, et les hampes porte-torpilles placées à l'avant de nos nouveaux torpilleurs.

Le 19 octobre 1888, il quittait la préfecture maritime de Toulon, remettant le service à l'amiral Charles Duperré, pour prendre le commandement de notre première force navale, l'escadre d'évolution de la Méditerranée et du Levant.

Le bâtiment-amiral était alors le *Colbert*. A bord de cette belle escadre se trouvaient embarqués plusieurs officiers distingués de notre marine. Le capitaine de vaisseau de Maigret y remplissait les mêmes fonctions de chef d'état-major qu'il avait occupées aux côtés de Courbet, dans les mers de Chine. Le contre-amiral Devarenne commandait en sous-ordre, ayant pour aide de camp le capitaine de frégate Jauréguiberry. Le *Courbet* était commandé par le capitaine de vaisseau Sallandrouze de Lamornaix, qu'un récent décret vient de porter au grade de contre-amiral. Le *Redoutable* avait pour commandant le capitaine de vaisseau d'Abel de Libran, et pour second, le capitaine de frégate Ingouf. Le *Caïman* était commandé par le capitaine de vaisseau Rallier du Baty.

Le 25 mai 1889, l'amiral Bergasse du Petit-Thouars quitta le *Colbert* et s'établit à bord du *Formidable*. Il fit choix, pour remplir les fonctions si importantes de chef d'état-major de l'escadre, d'un officier brillant entre tous, et dont il avait su démêler les hautes capacités, le capitaine de vaisseau Ernest Fournier, l'heureux négociateur du traité entre la France et la Chine, qui avait fait sa réputation militaire en 1870, au sanglant assaut du Bourget, où il fut mis à l'ordre du jour.

S'il nous fallait relater ici les diverses mesures de détail qu'il prescrivit, et qui avaient pour but d'assurer le fonctionnement méthodique de cet instrument de précision si compliqué, qu'on appelle une escadre, un volume ne serait pas de trop. Qu'il nous suffise de dire que son objectif capital fut la préparation au combat. Il s'était assigné pour tâche de tenir l'escadre constamment en haleine, par un entraînement de tous les instants, afin de la rendre prête, au premier signal, à remplir le rôle d'avant-garde de l'armée navale, qui est sa raison d'être.

Il estimait qu'une escadre, pour répondre à sa mission, doit pouvoir passer du pied de paix sur le pied de guerre sans transition et sans apprentissage à faire faire soudainement au personnel, au moment où l'action s'impose avec toutes les complications et les perturbations de l'imprévu. Il pensait qu'avec un instrument aussi compliqué que le cuirassé moderne tout ce qui n'a pas été prévu et réglé par avance peut devenir, au moment du combat, une cause de désarrois funestes.

Tous ses soins, pendant sa première année de commandement, avaient eu pour objectif de préparer les équipages, dans les moindres détails du service, à cette éventualité capitale, en les tenant journellement, autant qu'il était possible, en contact avec les réalités du combat, et en maintenant les bâtiments sur le pied d'armement maximum qu'ils comportaient. La mort ne lui a pas permis d'achever la seconde partie de son programme qui consistait, après s'être en quelque sorte identifié avec le côté matériel de chacun des types de navire, considéré individuellement, à procéder au maniement d'ensemble des unités de l'escadre.

S'il se préoccupait du navire, du matériel et des hommes ; s'il ne trouvait pas au-dessous de lui de descendre dans les moindres détails et même dans les infiniment petits du service ; s'il considérait avec raison l'artillerie, à laquelle il donnait peut-être ses plus grands soins, comme l'âme de l'action sur mer ; s'il ne négligeait rien pour obtenir des torpilleurs tout le concours qu'en peuvent attendre les cuirassés, sa vigilance patriotique ne lui faisait pas perdre de vue l'étude de la stratégie navale du bassin de la Méditerranée. Ses vues s'étaient tournées du côté de la Corse, où il était d'avis d'établir de sérieux centres de ravitaillement. Il avait compris que les grands efforts faits à la Maddalena par les Italiens devaient appeler nécessairement, de notre part, une contre-partie de précautions et d'ouvrages de défense.

Ce commandement de l'escadre, qui devait être le couronnement de sa carrière si activement et si noblement remplie, il l'exerça avec maîtrise. Si nous employons ce mot, ce n'est pas par désir de louer un homme qui nous a fait du bien. Cette appréciation, nous l'avons recueillie de la bouche même de nombre d'officiers généraux et d'officiers supérieurs, plus à même que nous d'en mesurer la portée.

Le 14 mai 1890, à huit heures du matin, le vice-amiral Bergasse du Petit-Thouars, atteint d'une syncope cardiaque, mourait subitement à l'âge de cinquante-huit ans !

La nouvelle de sa mort, se répandant rapidement dans l'escadre et dans la ville de Toulon, y jeta la consternation. Tous les navires mirent immédiatement leur pavillon en berne, et le bâtiment-amiral, le *Formidable*, de ses lugubres salves, sonna d'heure en heure le glas funèbre.

Le Président de la République, se faisant l'interprète de l'émotion publique, adressa au ministre de la marine la lettre suivante :

Paris, le 14 mai 1890.

« Mon cher Ministre.

« J'apprends avec une profonde douleur la mort de l'amiral du Petit-Thouars, dont j'avais pu apprécier les éminentes qualités et que je voyais, il y a quelques jours encore, si plein de vie et d'espé-rances.

« La marine française fait en la personne de l'amiral une perte cruelle.

« Je vous prie d'exprimer à sa famille ma bien sincère sym-pathie.

« Recevez, mon cher ministre, l'assurance de mes affectueux sen-timents.

« *Signé :* CARNOT. »

En même temps, un officier d'ordonnance partait pour Vendôme afin de porter à l'infortunée veuve de l'amiral l'expression des sen-timents de condoléance du Gouvernement de la République et du ministre.

Le conseil municipal de Lima, en apprenant sa mort, décida d'ex-primer à Mme du Petit-Thouars « son profond regret pour la mort de son illustre époux, à qui cette ville gardera une éternelle gratitude de son intervention pendant la guerre entre le Pérou et le Chili ».

Sur sa tombe, le vice-amiral Charles Duperré, qui lui a succédé dans le commandement en chef de l'escadre, le contre-amiral Alquier, et après eux le capitaine de vaisseau Fournier, chef d'état-major de l'escadre, dirent un adieu ému à leur ancien compagnon d'armes :

« Son épée, disait ce dernier, est maintenant rivée au fourreau, désormais impuissante à défendre la patrie, et les poignées de nos sabres en portent le deuil. La mort impitoyable a surpris ce vaillant soldat loin du champ de bataille qu'il étudiait dans sa vigilance patriotique : mais ceux qui ont vu de près à quels incessants et rudes labeurs il usait ses forces, pour accumuler sur nos bâtiments de combat tous les matériaux de la victoire, savent qu'il est tombé de fatigue sur la brèche.

« Il nous reste du moins, comme un précieux dépôt, les hauts enseignements de ce preux d'un autre âge, toujours à la veillée des armes, de ce chef dévoué qui, malade et blessé, en quittant Strasbourg, voulut partager, d'étape en étape, les souffrances et les privations de ses plus humbles compagnons de captivité, pour les défendre encore, après la défaite, contre leurs vainqueurs.

« Il nous reste, enfin, l'espérance que le jeune héritier de ce nom glorieux fera revivre parmi nous, sous les nobles traits de son père, l'homme de bien, le croyant et le vaillant sans tache que la mort vient d'enlever à l'estime de tous, à la tendre affection de sa compagne dévouée et de ses enfants, en les jetant si cruellement des joies de la veille dans le deuil et dans les larmes ! »

Le vice-amiral Bergasse du Petit-Thouars avait épousé, le 5 novembre 1860, la nièce du vice-amiral Fourichon, Mlle Mac Leod, qui lui donna quatre enfants : un fils, Aristide, élève de l'École navale, et trois filles. Sa fille aînée est mariée à M. Ronin, lieutenant de vaisseau ; sa seconde fille venait d'épouser, le 8 mai 1890, M. Roca d'Huytéza, enseigne de vaisseau ; la troisième était encore en bas âge.

Indépendamment de ses grades dans la Légion d'honneur, qu'il avait conquis avec une rapidité exceptionnelle, l'amiral Bergasse du Petit-Thouars était médaillé de Crimée et d'Italie, officier de l'instruction publique, etc...

Comment ne pas se sentir pris d'une pieuse admiration et d'un respect profond pour ces caractères de marins, pour cette noble carrière qui exige et développe tant de rares qualités ! On peut dire que pour le marin la paix est un état de guerre perpétuelle : guerre contre la mer et les éléments, guerre contre les climats meurtriers, les maladies, les épidémies. Et lorsque vient le combat, quels dangers épouvantables l'industrie humaine, et ce qu'on est convenu d'appeler le progrès, n'accumulent-ils pas contre ces vaillants par leur coalition avec les périls de la nature !

Ce qui frappe dans l'évolution de la carrière de Bergasse du Petit-Thouars, c'est qu'il n'a pas été seulement à la hauteur des positions si diverses qu'il a occupées, des postes, souvent difficiles, qui lui

furent confiés par le choix de ses chefs ou que lui imposa la soudai-
neté des événements, mais qu'il y a toujours été brillant et supérieur. On est étonné de la force et de la sûreté, en quelque sorte
harmonieuse, avec lesquelles ses capacités vont se développant et se
perfectionnant sans cesse. Moins bien doué peut-être qu'on pour-
rait le croire au premier abord, surtout si l'on considère les ravages
exercés sur sa constitution par des maladies successives, il puisait
sa force dans une énergie de volonté et dans un acharnement au
travail peu communs servi par une rare sûreté de coup d'œil et une
grande promptitude de décision. Neveu d'un amiral célèbre, qui lui
avait, dès l'enfance, inspiré une haute idée de la carrière maritime
et qui était fier de son élève, l'émulation qu'il ressentit de ce côté
lui fit contracter vis-à-vis de lui-même le secret serment de ne pas
laisser dépérir l'éclat du nom glorieux qu'il avait été autorisé à
porter. Il s'est tenu parole. Il eut aussi, il est vrai, la bonne fortune
de servir sous des hommes de mer éminents et d'être mêlé à ceux
des principaux événements de guerre contemporains, qui étaient
de nature à contribuer à son éducation professionnelle.

Les jugements portés par ses chefs, aux différents moments de sa
carrière, et dont nous avons tenu à reproduire les principaux, car
ils émanent de la plupart des illustrations de la marine, ne sont pas
des éloges banals. Ils présentent un caractère de précision, dans
l'appréciation des services rendus aussi bien que dans le pronostic
de l'avenir réservé à l'officier, qui atteste qu'ils s'appliquent à un
sujet hors ligne, à un sujet qui intéresse ses juges.

Son goût pour le métier, et la noble idée qu'il s'en faisait, s'ac-
cusent par la méthode avec laquelle cet esprit réfléchi, ce travail-
leur infatigable rechercha successivement les différents postes où il
pouvait acquérir des connaissances nouvelles et se perfectionner
dans la pratique de celles qu'il possédait déjà. Il avait passé par les
principaux emplois de l'officier ou de l'administrateur militaire, et,
dans l'exercice de ces fonctions si diverses d'officier d'ordonnance,
d'aide de camp, de chef d'état-major ou de cabinet, de major
général ou de major de la flotte, de préfet maritime, de commandant en chef, etc., il apportait une telle application, un tel zèle
pour le service qu'il devait nécessairement les remplir excellem-
ment. Il avait ainsi, par ce passage successif dans les postes les
plus importants, acquis une expérience qui le rendait apte à occu-

per les plus hautes charges qui puissent incomber à un officier de son rang, pour la préparation ou la conduite des opérations de guerre.

Bergasse du Petit-Thouars, de l'avis de tous, était incontestablement un homme de guerre de premier ordre. C'était aussi un caractère. La conscience professionnelle, le sentiment du devoir et de l'équité, l'esprit de sacrifice, le courage froid et réfléchi, l'ardeur du patriotisme ; et surtout peut-être, car ce nous semble être sa plus belle qualité, l'énergie morale, la grandeur, la force d'âme, étaient portés chez lui au plus haut degré. Il possédait ce don suprême de l'officier : l'autorité, le commandement. Toujours il s'est entouré d'hommes supérieurs, car il avait aussi l'art de choisir ses collaborateurs et de discerner les aptitudes.

Quand nous aurons ajouté qu'il était d'une distinction de manières, d'une affabilité et d'une bonté exquises, on mesurera l'étendue de la perte qu'ont faite la France et ceux, — épouse, enfants, parents, amis, — qui ont pu apprécier le charme et la noblesse de sa nature.

Henry Durassier,
Chef de bureau de l'administration centrale.

Paris. — Imprimerie L. Baudoin et C⁰, 2, rue Christine.

PARIS. — IMPRIMERIE L. BAUDOIN ET Cⁱᵉ, 2, RUE CHRISTINE.